아빠

어린이 중국어 쓰기 노트

저 중국어공부기술연구소

1 Step

시사중국어사

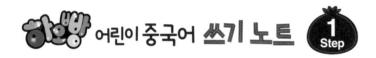

어린이 중국어 쓰기 노트 1 Step

초판발행	2018년 1월 10일
1판 4쇄	2021년 5월 10일
저자	중국어공부기술연구소
책임 편집	최미진, 가석빈, 高霞
펴낸이	엄태상
디자인	진지화
콘텐츠 제작	김선웅, 김현이, 유일환
마케팅	이승욱, 전한나, 왕성석, 노원준, 조인선, 조성민
경영기획	마정인, 조성근, 최성훈, 정다운, 김다미, 오희연
물류	정종진, 윤덕현, 양희은, 신승진
펴낸곳	시사중국어사(시사북스)
주소	서울시 종로구 자하문로 300 시사빌딩
주문 및 교재 문의	1588-1582
팩스	0502-989-9592
홈페이지	http://www.sisabooks.com
이메일	book_chinese@sisadream.com
등록일자	1988년 2월 13일
등록번호	제1 – 657호

ISBN 979-11-5720-102-0 64720
      979-11-5720-101-3 (set)

이 책의 활용

획순을 한 획씩 따라 쓰며 간체자, 병음 쓰기에 익숙해질 수 있어요.
하오빵 어린이 중국어 Step1 본문에서 배우는 새로운 한자들을 간체자와 번체자를 비교하며 한자 공부까지 한번에 익혀 보아요~

하오빵 어린이 중국어 Step1의 본문, 말하기에서 배우는 단어들을 듣고 쓰면서 익혀 보아요~

다양한 문제로 재미있게 앞에서 배운 단어들을 복습해요. 절취선을 잘라서 활동지나 과제용으로 사용할 수 있어요.

앞: 병음 연습
뒤: 한자 연습

앞에서 배운 단어들로 중요 문장을 써 보며 문장도 복습해 보아요~

각 과별 단어들이 알아보기 편하게 정리되어 있어요.

병음 A, B, C 순으로 단어들이 찾기 쉽게 되어 있어요.

3

차례

1과 你好!
Nǐ hǎo! 안녕!

 획순을 따라 간체자와 병음을 예쁘게 써 보세요.

你
nǐ
너
你 너 니(이)

획순 你 你 你 你 你 你 你

好
hǎo
좋다
好 좋을 호

획순 好 好 好 好 好 好

大
dà
크다
大 큰 대

획순 大 ナ 大

家
jiā
집
家 집 가

획순 家 家 家 家 家 家 家 家 家 家

老
lǎo
늙다

老 늙을 로(노)

老 老 老 老 老 老

lǎo　　lǎo

师
shī
선생, 스승

師 스승 사

획순 师 师 师 师 师 师

shī　　shī

 간체자로 중국어 단어를 쓰며, 큰 소리로 읽어 보세요.

🗣 음성을 들으며 따라 읽어 보세요.

你好
Nǐ hǎo
안녕

你好	你好	你好
Nǐ hǎo		
안녕		

大家
dàjiā
여러분

大家	大家	大家
dàjiā		
여러분		

6

老师

lǎoshī

선생님

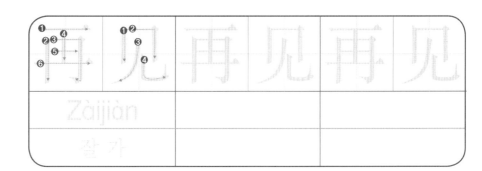

老师	老师	老师	老师
lǎoshī			
선생님			

你们

nǐmen

너희들

你们	你们	你们	你们
nǐmen			
너희들			

再见

Zàijiàn

잘 가

再见	再见	再见	再见
Zàijiàn			
잘 가			

좀 더 연습해보세요.

 보기의 한자를 아래 표에서 찾아 모두 색칠한 후, 표에 숨겨진 한자가 무엇인지 써 보세요.

보기　　你　好　大　家　老　师

天	他	你	再	她	大	他	见	天	帅
贝	你	你	们	大	大	家	家	家	家
你	你	帅	见	大	见	帅	贝	们	家
你	好	他	大	她	天	老	再	他	贝
贝	好	们	他	天	们	老	贝	天	帅
她	好	帅	见	师	见	老	帅	师	再
帅	好	他	师	们	贝	老	天	见	师
天	好	天	她	帅	再	老	再	她	见
们	好	再	们	老	贝	老	他	帅	们
他	好	贝	帅	老	老	老	天	们	他

○학년 ○반 이름 [   ]

1 다음 빈칸에 들어갈 병음을 보기에서 찾아 한자에 알맞은 병음으로 완성하세요.

보기   ā   á   ǎ   à

①

大家

d___ji___

②

再见

z___iji___n

2 그림을 보고, 보기에서 골라 한국어에 알맞은 중국어 표현으로 완성하세요.

보기   men   shī   nǐ   lǎo

①

선생님, 안녕하세요!

_____ hǎo!

②

너희들, 안녕!

_____ hǎo!

3 병음을 보고 한자의 비어 있는 부분을 채워 한자를 완성해 보세요.

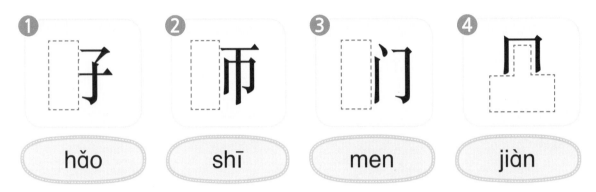

① 子 hǎo   ② 帀 shī   ③ 门 men   ④ 凡 jiàn

4 병음에 해당하는 한자를 쓰고, 好와 결합하여 인사 문장을 완성해 보세요.

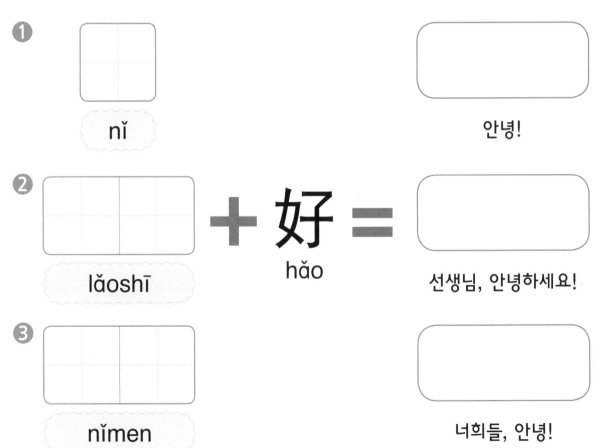

① nǐ

안녕!

② lǎoshī ＋ 好 hǎo ＝

선생님, 안녕하세요!

③ nǐmen

너희들, 안녕!

2과

你叫什么名字?

Nǐ jiào shénme míngzi? 너는 이름이 뭐니?

획순을 따라 간체자와 병음을 예쁘게 써 보세요.

叫
jiào
~라고 부르다
叫 부르짖을 규

jiào | jiào

什
shén
무엇
什 열사람 십
세간 집

shén | shén

么
me
접미사
麼 어조사 마

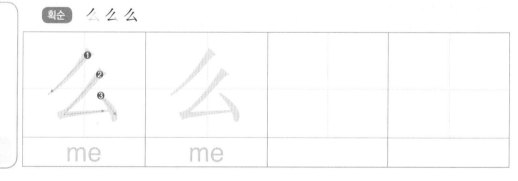

me | me

名
míng
이름
名 이름 명

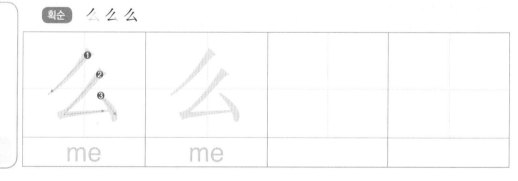

míng | míng

字字字字字字

zì

zì

我我我我我我我

wǒ

wǒ

 간체자로 중국어 단어를 쓰며, 큰 소리로 읽어 보세요.

🗨 음성을 들으며 따라 읽어 보세요.

什么

shénme

무엇, 무슨

shénme		
무엇, 무슨		

名字

míngzi

이름

míngzi	
이름	

呢

ne

~는요?

她

tā

그녀

他

tā

그

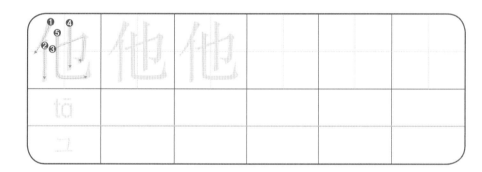

呢	呢	呢			
ne					
~는요?					

她	她	她			
tā					
그녀					

他	他	他			
tā					
그					

좀 더 연습해보세요.

 미로를 통과해서 나오는 병음을 순서대로 나열하여 아래 한국어 문장에 맞는 중국어를 완성하세요.

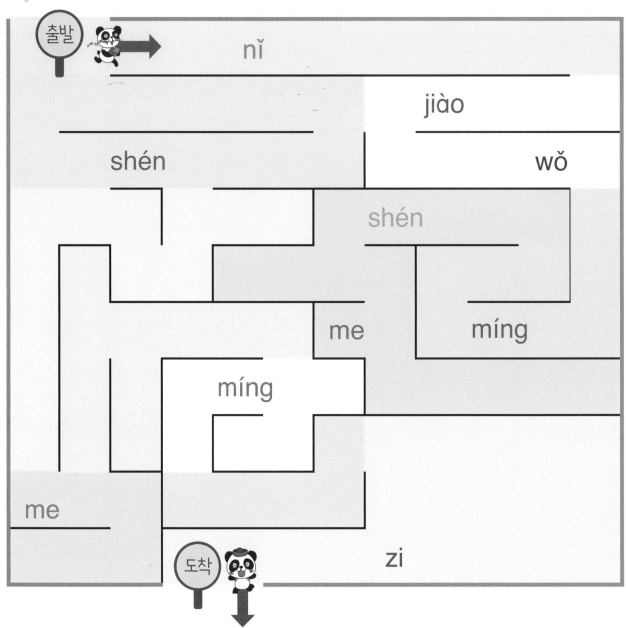

너는 이름이 뭐니?

Nǐ

 확인 콕콕!!

1 다음 빈칸에 들어갈 병음을 보기에서 찾아 한자에 알맞는 병음으로 완성하세요.

보기 sh zh ch j q x

1
叫

____iào

2
什么

____énme

2 한자에 해당하는 병음 별을 찾아 선으로 연결하고, 빈칸에 써 보세요.

1 我 [   ]

2 字 [   ]

3 他 [   ]

hǎo   nǐ

shì   wǒ   zi

jiàn   tā   jiā

3 한자들의 빠진 부분에 공통으로 들어가는 부수를 가운데 쓰고, 한자도 완성해서 써 보세요.

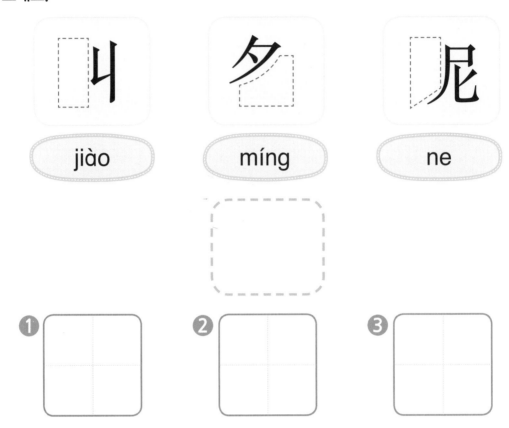

jiào   míng   ne

① ② ③

4 빈칸에 알맞은 한자를 보기에서 찾아 퍼즐을 완성하세요.

보기   他   叫   再见   名字   老师

너는 이름이 뭐니?

你   什么   ?

Nǐ   jiào   shénme   míngzi   ?

3과 这是什么?

Zhè shì shénme? 이건 뭐야?

 획순을 따라 간체자와 병음을 예쁘게 써 보세요.

这
zhè
이, 이것
這 이 저

획순 这 这 辶 文 讠 这 这

zhè	zhè		

是
shì
~이다
是 이 시 / 옳을 시

획순 是 是 是 是 是 是 是 是 是

shì	shì		

苹
píng
사과
蘋 네가래 빈 / 개구리밥 평

획순 苹 苹 苹 苹 苹 苹 苹 苹

píng	píng		

果
guǒ
과일, 열매
果 실과 과 / 열매 과

획순 果 果 果 果 果 果 果 果

guǒ	guǒ		

那 nà 그, 그것, 저, 저것 那 어찌 나 어조사 내	획순 那 那 那 那 那 那  nà	nà		
西 xī 서쪽 西 서녘 서	획순 西 西 西 西 西 西  xī	xī		
瓜 guā 박과 식물의 통칭 瓜 오이 과	획순 瓜 瓜 瓜 瓜 瓜  guā	guā		

좀 더 연습해보세요.

18

 간체자로 중국어 단어를 쓰며, 큰 소리로 읽어 보세요.

💬 음성을 들으며 따라 읽어 보세요.

苹果
píngguǒ
사과

píngguǒ		
사과		

西瓜
xīguā
수박

xīguā		
수박		

菠萝
bōluó
파인애플

bōluó		
파인애플		

葡萄
pútao
포도

pútao		
포도		

草莓

cǎoméi

딸기

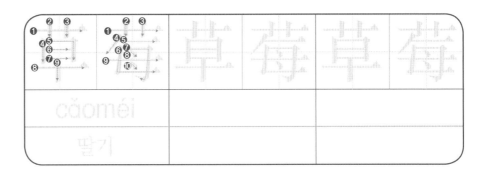

cǎoméi		
딸기		

香蕉

xiāngjiāo

바나나

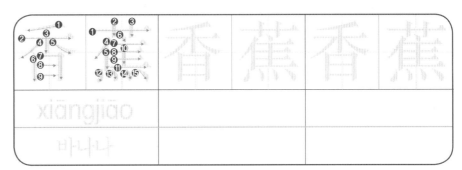

xiāngjiāo		
바나나		

吗

ma

~까?, ~요?

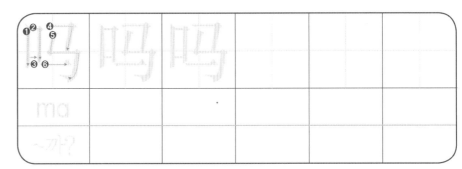

ma				
~까?				

좀 더 연습해보세요.

① 한자에 알맞은 병음을 찾아 ◯표 하세요.

❶
是
shì
shí

❷
吗
mā
ma

② 다음 과일의 이름에 맞는 병음을 써 보세요.(성조는 무시)

			c		
p		t		o	
			o		
					b
x	i		g	j	a
		g			l
			e	u	
x		g	a		
		o			

③ 병음을 보고 한자의 비어 있는 부분을 채워 한자를 완성해 보세요.

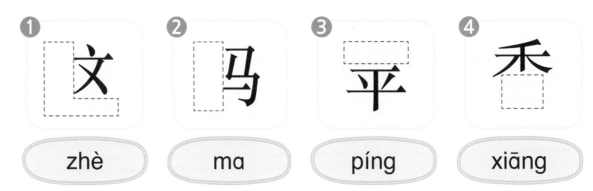

① 文 — zhè

② 马 — ma

③ 平 — píng

④ 禾 — xiāng

④ 그림에 알맞은 한자와 병음을 찾아 줄을 긋고, 따라 써 보세요.

① píngguǒ · · · · 西瓜

② xīguā · · · · 菠萝

③ bōluó · · · · 草莓

④ pútao · · · · 葡萄

⑤ cǎoméi · · · · 香蕉

⑥ xiāngjiāo · · · · 苹果

 획순을 따라 간체자와 병음을 예쁘게 써 보세요.

他
tā
그
他 다를 타

획순 他 他 他 他 他

tā	tā		

谁
shéi
누구
誰 누구 수

획순 谁 谁 谁 谁 谁 谁 谁 谁 谁 谁

shéi	shéi		

爸
bà
아빠
爸 아버지 파

 획순 爸 爸 爸 爸 爸 爸 爸 爸

bà	bà		

她
tā
그녀
她 아가씨 저
그녀 타

획순 她 她 她 她 她 她

tā	tā		

妈
mā
엄마
媽　어머니 마/모

획순　人 妈 妈 妈 妈 妈

妈	妈		
mā	mā		

간체자로 중국어 단어를 쓰며, 큰 소리로 읽어 보세요.

● 음성을 들으며 따라 읽어 보세요.

爸爸
bàba
아빠

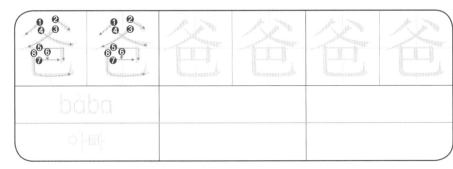

		爸	爸	爸	爸
bàba					
아빠					

妈妈
māma
엄마

		妈	妈	妈	妈
māma					
엄마					

爷爷
yéye
할아버지

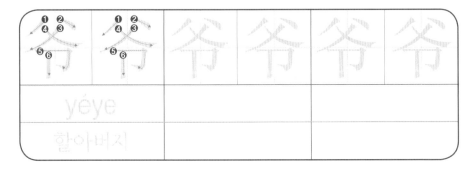

		爷	爷	爷	爷
yéye					
할아버지					

奶奶
nǎinai
할머니

奶	奶	奶	奶	奶	奶
nǎinai					
할머니					

哥哥
gēge
형, 오빠

哥	哥	哥	哥	哥	哥
gēge					
형, 오빠					

姐姐
jiějie
언니, 누나

姐	姐	姐	姐	姐	姐
jiějie					
언니, 누나					

弟弟
dìdi
남동생

弟	弟	弟	弟	弟	弟
dìdi					
남동생					

妹妹
mèimei
여동생

妹	妹	妹	妹	妹	妹
mèimei					
여동생					

 가로 열쇠, 세로 열쇠의 단어들을 해당 번호에 병음으로 써 보세요.(성조 무시)

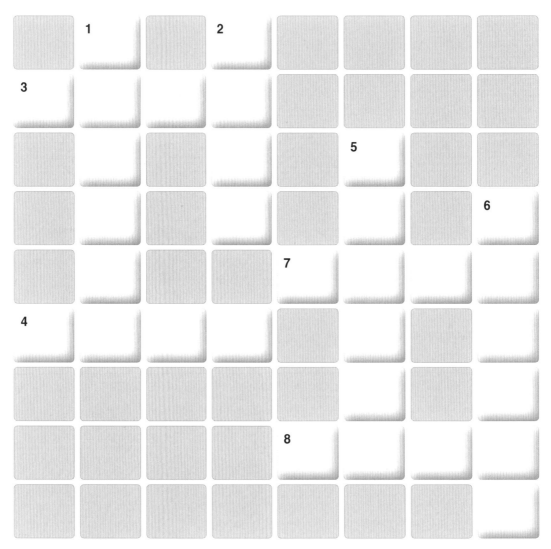

○━ 가로 열쇠

3 爸爸(아빠)

4 弟弟(남동생)

7 爷爷(할아버지)

8 哥哥(형, 오빠)

♀ 세로 열쇠

1 奶奶(할머니)

2 妈妈(엄마)

5 姐姐(누나, 언니)

6 妹妹(여동생)

1 다음 빈칸에 들어갈 병음을 보기에서 찾아 한자에 알맞는 병음으로 완성하세요.

보기   éi   ăi   iě   èi   ù   ì   ā

❶   谁

sh____

❷   她

t____

2 그림을 보고 가족 이름에 병음을 채워 말풍선을 완성하세요.

3 한자들의 빠진 부분에 공통으로 들어가는 부수를 가운데 쓰고, 한자도 완성해서 써 보세요.

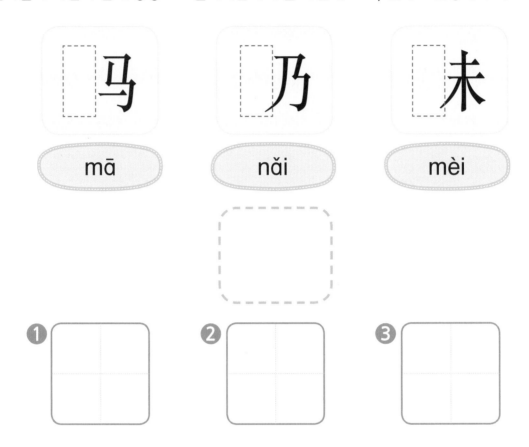

☐马   ☐乃   ☐未

mā   nǎi   mèi

① ☐   ② ☐   ③ ☐

4 병음에 알맞은 한자를 보기에서 찾아 단어로 써 보세요.

보기   爸 弟 爷 姐 哥

yéye   bàba   gēge   dìdi

☐   ☐   ☐   ☐

 문장들을 따라 쓰고, 큰 소리로 읽어 보세요. 🔵 음성을 들으며 따라 읽어 보세요.

안녕!

你	好	!				
Nǐ	hǎo	!				

너는 이름이 뭐니?

你	叫	什	么	名	字	?
Nǐ	jiào	shén	me	míng	zi	?

나는 링링이야.

我	叫	玲	玲	。		
Wǒ	jiào	Líng	ling	.		

이건 뭐야?

这	是	什	么	?		
Zhè	shì	shén	me	?		

이건 사과야.

这	是	苹	果	。		
Zhè	shì	píngguǒ		.		

저건 뭐야?

那	是	什	么	？		
Nà	shì	shénme		?		

저건 수박이야.

那	是	西	瓜	。		
Nà	shì	xīguā		.		

그는 누구니?

他	是	谁	？			
Tā	shì	shéi	?			

그는 우리 아빠야.

他	是	我	爸	爸	。	
Tā	shì	wǒ	bàba		.	

6과 你是哪国人?

Nǐ shì nǎ guó rén? **너는 어느 나라 사람이니?**

 획순을 따라 간체자와 병음을 예쁘게 써 보세요.

哪
nǎ
어느

哪 어기사 나
어느 나

| nǎ | nǎ | | |

国
guó
나라

國 나라 국

| guó | guó | | |

人
rén
사람

人 사람 인

| rén | rén | | |

韩
Hán
나라 이름

韓 나라 이름 한

| Hán | Hán | | |

| 획순 | 中中中中 |

 간체자로 중국어 단어를 쓰며, 큰 소리로 읽어 보세요.

🔊 음성을 들으며 따라 읽어 보세요.

哪国人

nǎ guó rén

어느 나라 사람

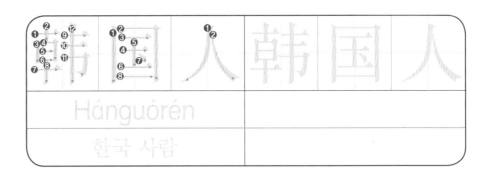

韩国人

Hánguórén

한국 사람

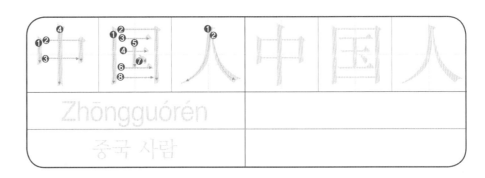

中国人

Zhōngguórén

중국 사람

日本人
Rìběnrén
일본 사람

法国人
Fǎguórén
프랑스 사람

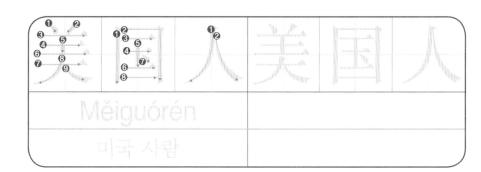

Rìběnrén

일본 사람

Fǎguórén

프랑스 사람

美国人
Měiguórén
미국 사람

英国人
Yīngguórén
영국 사람

Měiguórén

미국 사람

Yīngguórén

영국 사람

也
yě
~도, ~역시

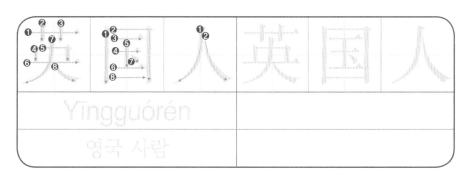

yě

~도

활동 잼잼!!

 다음 단어를 아래 표에서 찾아 ○하세요.

1  韩国人
Hánguórén

2 中国人
Zhōngguórén

3  日本人
Rìběnrén

4 法国人
Fǎguórén

5  美国人
Měiguórén

6  英国人
Yīngguórén

英	中	韩	美	也	法	人	日	也	英
也	国	法	韩	哪	中	日	本	人	也
国	人	英	国	人	美	中	美	国	韩
日	本	美	法	哪	人	法	国	哪	本
国	人	英	哪	也	韩	本	人	韩	国
哪	国	哪	中	法	国	也	英	美	法
本	中	人	人	美	人	国	日	人	美
韩	法	也	本	国	美	中	哪	也	哪
人	哪	中	也	日	国	人	法	国	人
日	英	国	哪	韩	英	美	韩	也	英

1 한자에 알맞은 병음을 찾아 ○표 하세요.

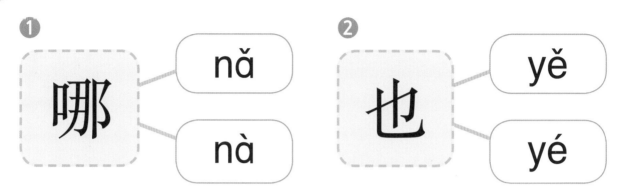

① 哪 — nǎ / nà

② 也 — yě / yé

2 한자를 따라 쓰고, 빈칸을 채워 병음도 완성해 보세요.

①
中 国 人
Zh____ngguórén

②
韩 国 人
____ánguórén

③
英 国 人
Yī____gguórén

④
法 国 人
F____guórén

⑤
美 国 人
Mě____guórén

⑥
日 本 人
____ìběnrén

3 병음을 보고 한자의 비어 있는 부분을 채워 한자를 완성해 보세요.

① 那 nǎ

② 韦 Hán

③ 央 yīng

④ 夫 měi

4 그림에 알맞은 한자와 병음을 찾아 줄을 긋고, 따라 써 보세요.

① 韩国人 · · Měiguórén

② 英国人 · · Fǎguórén

③ 美国人 · · Zhōngguórén

④ 日本人 · · Hánguórén

⑤ 中国人 · · Yīngguórén

⑥ 法国人 · · Rìběnrén

36

你几岁?

Nǐ jǐ suì? 너는 몇 살이니?

 획순을 따라 간체자와 병음을 예쁘게 써 보세요.

几
jǐ
몇 (10이하의 수)
幾　몇 기

획순　几 几

jǐ　jǐ

八
bā
8, 여덟
八　여덟 팔

획순　八 八

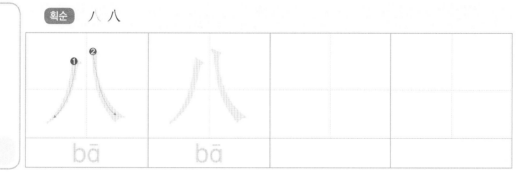

bā　bā

岁
suì
세, 살
歲　해 세

획순　岁 岁 岁 岁 岁 岁

suì　suì

也
yě
~도, ~역시
也　잇기/어조사 야
　　잇달을 이

획순　乜 也 也

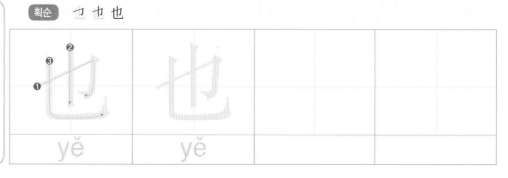

yě　yě

간체자로 중국어 단어를 쓰며, 큰 소리로 읽어 보세요.

● 음성을 들으며 따라 읽어 보세요.

一
yī
1, 하나

二
èr
2, 둘

三
sān
3, 셋

四
sì
4, 넷

五
wǔ
5, 다섯

五	五	五			
wǔ					
5. 다섯					

六
liù
6, 여섯

六	六	六			
liù					
6. 여섯					

七
qī
7, 일곱

七	七	七			
qī					
7. 일곱					

八
bā
8, 여덟

八	八	八			
bā					
8. 여덟					

九
jiǔ
9, 아홉

九	九	九			
jiǔ					
9. 아홉					

十

shí

10, 열

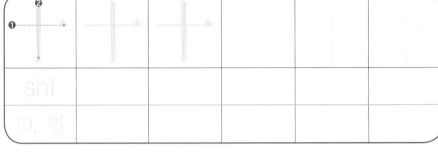

shí					
10, 열					

多大

duō dà

(나이가) 얼마인가?

duō dà					
(나이가) 얼마인가?					

좀 더 연습해보세요.

 확인 콕콕!!

학년 ◯반 이름 ◯

1 다음 숫자에 해당하는 병음을 빈칸에 써 보세요.

2 숫자에 해당하는 병음을 찾아 색칠하고, 표에 숨겨진 숫자를 찾아 보세요. (   )

nǐ	yī	sī	jiù	wú
sán	èr	bà	ní	dà
jiǔ	sān	shí	yī	qī
liú	sì	jiā	shì	tā
shī	wǔ	liù	qī	bā

7과 너는 몇 살이니? • 41

3 각 숫자에 해당하는 한자를 보기에서 찾아 빈칸에 써 보세요.

보기   四 二 六 九 五 十 七 一 三 八

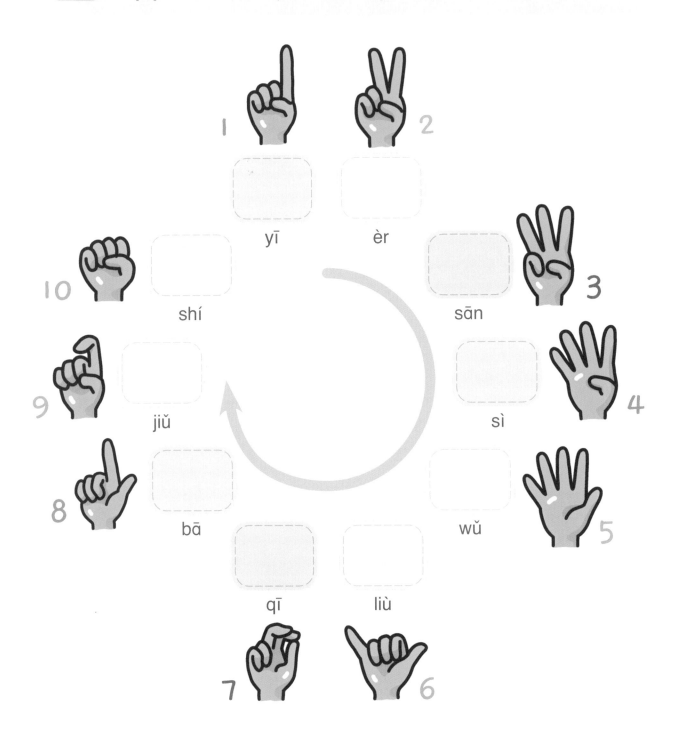

8과 你喜欢小狗吗?

Nǐ xǐhuan xiǎogǒu ma? 너는 강아지를 좋아하니?

 획순을 따라 간체자와 병음을 예쁘게 써 보세요.

喜
xǐ
좋아하다
喜 기쁠 희

획순 喜 喜 喜 喜 喜 喜 喜 喜 喜 喜 喜 喜

| xǐ | xǐ | | |

欢
huān
기뻐하다
歡 기쁠 환

획순 欢 欢 欢 欢 欢 欢

| huān | huān | | |

小
xiǎo
작다
小 작을 소

획순 小 小 小

| xiǎo | xiǎo | | |

狗
gǒu
개
狗 개 구

획순 狗 狗 狗 狗 狗 狗 狗 狗

| gǒu | gǒu | | |

획순 猫 猫 猫 猫 猫 猫 猫 猫 猫 猫

猫
māo
고양이

猫 고양이 묘

māo　　māo

획순 不 不 不 不

不
bù
~이 아니다(부정)

不 아닐 불
아닐 부

bù　　bù

 간체자로 중국어 단어를 쓰며, 큰 소리로 읽어 보세요.

● 음성을 들으며 따라 읽어 보세요.

喜欢
xǐhuan
좋아하다

xǐhuan

좋아하다

很
hěn
아주, 매우

很 很 很

hěn

아주

小狗
xiǎogǒu
강아지

xiǎogǒu			
강아지			

小猫
xiǎomāo
고양이

xiǎomāo			
고양이			

熊猫
xióngmāo
판다

xióngmāo			
판다			

大象
dàxiàng
코끼리

dàxiàng			
코끼리			

小鸡
xiǎojī
병아리

xiǎojī			
병아리			

老虎
lǎohǔ
호랑이

老虎	老虎	老虎
lǎohǔ		
호랑이		

兔子
tùzi
토끼

兔子	兔子	兔子
tùzi		
토끼		

좀 더 연습해보세요.

 ◯ 학년 ◯ 반 이름 [　　　　　　]

1 다음 빈칸에 들어갈 병음을 보기에서 찾아 한자에 알맞는 병음으로 완성하세요.

보기 iǎo à ǒu ióng ǒ iàng

①

大象

d___x____

②

小狗

x___g___

2 그림에 해당하는 병음을 풍선에서 찾아 ◯하고, 빈칸에 단어를 써 보세요.

①

②

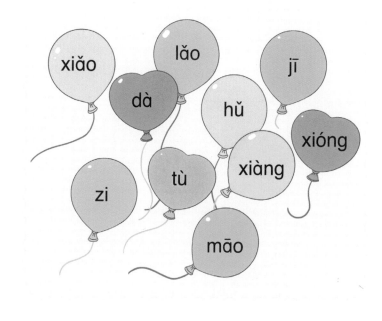

xiǎo lǎo jī dà hǔ xióng zi tù xiàng māo

3 병음을 보고 한자의 비어 있는 부분을 채워 한자를 완성해 보세요.

① 句   ② 艮   ③ 欠   ④ 壹

gǒu   hěn   huān   xǐ

4 그림을 보고 빈칸에 알맞은 동물 이름을 한자로 써 보세요.

① 我喜欢 _____ 。
Wǒ xǐhuan   xiǎogǒu

② 我喜欢 _____ 。
Wǒ xǐhuan   dàxiàng

③ 我喜欢 _____ 。
Wǒ xǐhuan   xiǎojī

④ 我喜欢 _____ 。
Wǒ xǐhuan   lǎohǔ

9과 你去哪儿?

Nǐ qù nǎr? 너는 어디 가니?

 획순을 따라 간체자와 병음을 예쁘게 써 보세요.

去 qù 가다 去 갈 거	**획순** 去 去 去 去 去			
	去	去		
	qù	qù		

儿 ér 어린이, 아이 兒 아이 아	**획순** 儿 儿			
	儿	儿		
	ér	ér		

医 yī 치료하다, 의사 醫 의원 의	**획순** 医 医 医 医 医 医 医			
	医	医		
	yī	yī		

院 yuàn 집, 안뜰, 안마당 院 집 원	**획순** 院 院 院 院 院 院 院 院 院 院			
	院	院		
	yuàn	yuàn		

餐
cān
음식, 식사, 요리
餐 밥 찬

획순 餐餐餐餐餐餐餐餐餐餐餐餐餐餐餐餐

cān   cān

厅
tīng
큰 방, 홀, 대청
廳 관청 청

획순 厅厅厅厅

tīng   tīng

们
men
~들
們 들 문

획순 们们们们们

men   men

간체자로 중국어 단어를 쓰며, 큰 소리로 읽어 보세요.

● 음성을 들으며 따라 읽어 보세요.

哪儿
nǎr
어디

哪儿 哪儿 哪儿

nǎr

어디

我们
wǒmen
우리들

我们	我们	我们
wǒmen		
우리들		

和
hé
~와/과, ~랑

和	和	和
hé		
~와/과		

一起
yìqǐ
함께

一起	一起	一起
yìqǐ		
함께		

医院
yīyuàn
병원

医院	医院	医院
yīyuàn		
병원		

餐厅
cāntīng
식당, 음식점

餐厅	餐厅	餐厅
cāntīng		
식당		

补习班

bǔxíbān

학원

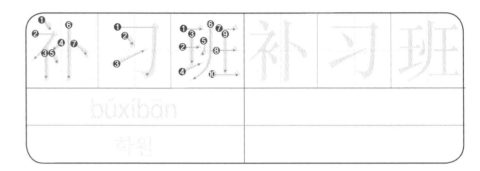

图书馆

túshūguǎn

도서관

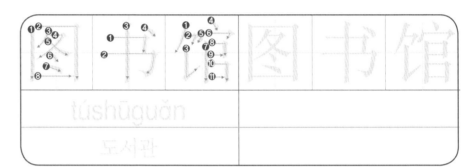

学校

xuéxiào

학교

超市

chāoshì

슈퍼마켓

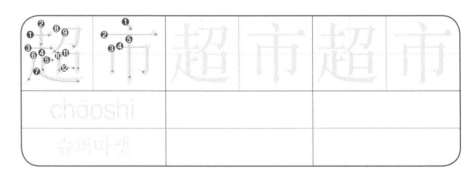

좀 더 연습해보세요.

1 한자에 알맞은 병음을 찾아 ◯표 하세요.

❶

院 — yuàn
yàn

❷

学 — xüé
xué

2 그림에 알맞은 단어의 병음이 되도록 순서대로 색칠한 후, 성조를 넣어 아래 써 보세요.

📎 예시

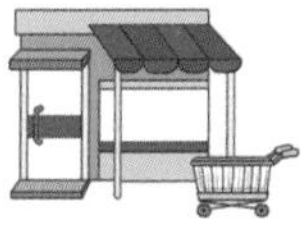

슈퍼마켓

| c | h | i | e | a | o | n | s | h | e | i |

chāoshì

❶

학교

| y | x | i | u | e | n | x | a | i | a | o |

❷

음식점

| t | c | e | a | n | g | t | d | i | n | g |

❸

학원

| b | d | u | l | x | ü | i | b | a | n | g |

3 다음 장소의 이름을 보기에서 찾아 한자로 쓰세요.

보기　学校　医院　餐厅　图书馆　超市　补习班

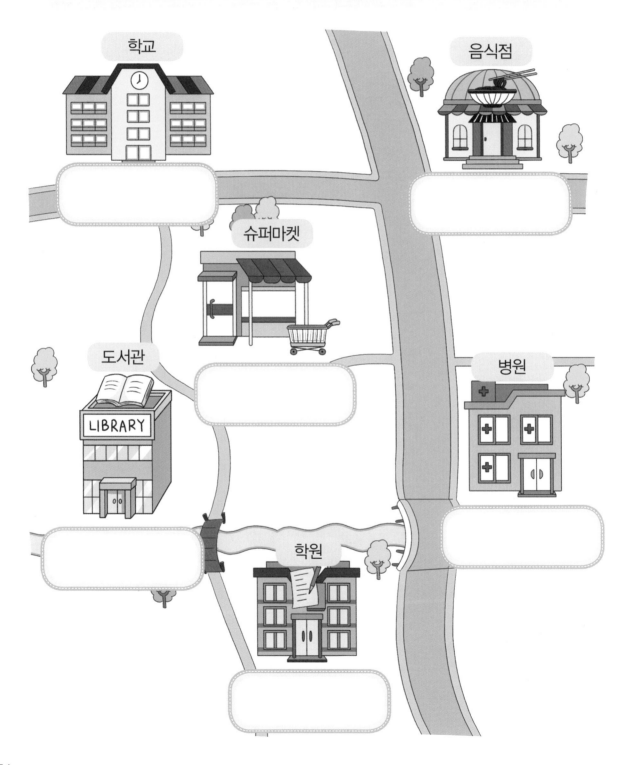

 문장들을 따라 쓰고, 큰 소리로 읽어 보세요. 🔵 음성을 들으며 따라 읽어 보세요.

너는 어느 나라 사람이니?

你	是	哪	国	人	？	
Nǐ	shì	nǎ	guó	rén	？	

나는 한국 사람이야.

我	是	韩	国	人	。	
Wǒ	shì	Hánguórén			.	

너는 몇 살이니?

你	几	岁	？			
Nǐ	jǐ	suì	？			

나는 8살이야. 너는?

我	八	岁	。	你	呢	？
Wǒ	bā	suì	.	Nǐ	ne	？

나도 8살이야.

我	也	八	岁	。		
Wǒ	yě	bā	suì	.		

너는 강아지를 좋아하니?

你	喜	欢	小	狗	吗	？
Nǐ	xǐhuan		xiǎogǒu		ma	?

나는 강아지를 아주 좋아해.

我	很	喜	欢	小	狗	。
Wǒ	hěn	xǐhuan		xiǎogǒu		.

너희들 어디 가니?

你	们	去	哪	儿	？	
Nǐmen		qù	nǎr		?	

우리는 식당에 가.

我	们	去	餐	厅	。	
Wǒmen		qù	cāntīng		.	

어린이 중국어
쓰기 노트

정답

정답 활동 잼잼!!

활동 잼잼!!

보기의 한자를 아래 표에서 찾아 모두 색칠한 후, 표에 숨겨진 한자가 무엇인지 써 보세요.

보기 你 好 大 家 老 师

你

활동 잼잼!!

미로를 통과해서 나오는 병음을 순서대로 나열하여 아래 한국어 문장에 맞는 중국어를 완성하세요.

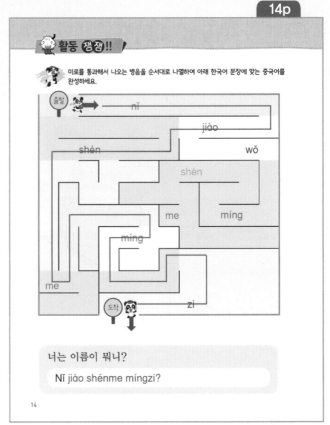

너는 이름이 뭐니?

Nǐ jiào shénme míngzi?

활동 잼잼!!

가로 열쇠, 세로 열쇠의 단어들을 해당 번호에 병음으로 써 보세요.(성조 무시)

○━ 가로 열쇠
3 爸爸(아빠)
4 弟弟(남동생)
7 爷爷(할아버지)
8 哥哥(형, 오빠)

♀ 세로 열쇠
1 奶奶(할머니)
2 妈妈(엄마)
5 姐姐(누나, 언니)
6 妹妹(여동생)

활동 잼잼!!

다음 단어를 아래 표에서 찾아 ○하세요.

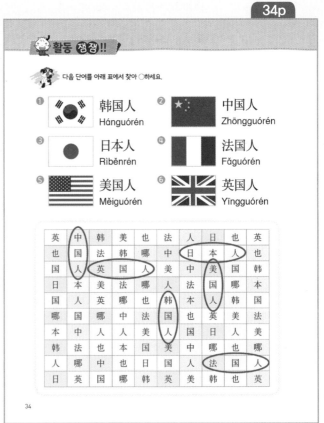

 정답  확인 콕콕!!

1과

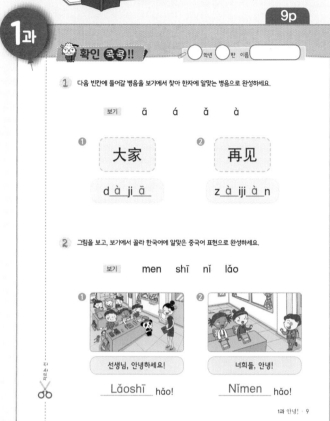

확인 콕콕!! 학년 반 이름

1. 다음 빈칸에 들어갈 병음을 보기에서 찾아 한자에 알맞은 병음으로 완성하세요.

보기 ā á ǎ à

① 大家 — dàjiā
② 再见 — zàijiàn

2. 그림을 보고, 보기에서 골라 한국어에 알맞은 중국어 표현으로 완성하세요.

보기 men shī nǐ lǎo

① 선생님, 안녕하세요! — __Lǎoshī__ hǎo!
② 너희들, 안녕! — __Nǐmen__ hǎo!

1과 안녕! · 9

확인 콕콕!!

3. 병음을 보고 한자의 비어 있는 부분을 채워 한자를 완성해 보세요.

① 好 hǎo ② 师 shī ③ 们 men ④ 见 jiàn

4. 병음에 해당하는 한자를 쓰고, 好와 결합하여 인사 문장을 완성해 보세요.

① 你 nǐ — 你好! 안녕!
② 老师 lǎoshī ＋ 好 hǎo ＝ 老师好! 선생님, 안녕하세요!
③ 你们 nǐmen — 你们好! 너희들, 안녕!

10

2과

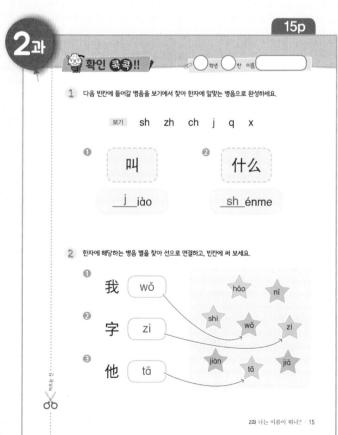

확인 콕콕!! 학년 반 이름

1. 다음 빈칸에 들어갈 병음을 보기에서 찾아 한자에 알맞은 병음으로 완성하세요.

보기 sh zh ch j q x

① 叫 — jiào
② 什么 — shénme

2. 한자에 해당하는 병음 별을 찾아 선으로 연결하고, 빈칸에 써 보세요.

① 我 wǒ
② 字 zì
③ 他 tā

hǎo nǐ shi wǒ zi jiàn tā jiā

2과 너는 이름이 뭐니? · 15

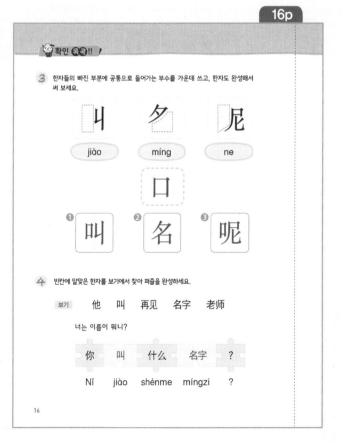

확인 콕콕!!

3. 한자들의 빠진 부분에 공통으로 들어가는 부수를 가운데 쓰고, 한자도 완성해서 써 보세요.

丩 jiào 夕 míng 尼 ne

口

① 叫 ② 名 ③ 呢

4. 빈칸에 알맞은 한자를 보기에서 찾아 퍼즐을 완성하세요.

보기 他 叫 再见 名字 老师

너는 이름이 뭐니?

你 叫 什么 名字 ?
Nǐ jiào shénme míngzi ?

16

정답 · 59

정답

3과

확인 콕콕!!

○학년 ○반 이름

1. 한자에 알맞은 병음을 찾아 ○표 하세요.

① 是 — (shì) / shí

② 吗 — mā / (ma)

2. 다음 과일의 이름에 맞는 병음을 써 보세요.(성조는 무시)

확인 콕콕!!

3. 병음을 보고 한자의 비어 있는 부분을 채워 한자를 완성해 보세요.

① 这 ② 吗 ③ 苹 香

zhè ma píng xiāng

4. 그림에 알맞은 한자와 병음을 찾아 줄을 긋고, 따라 써 보세요.

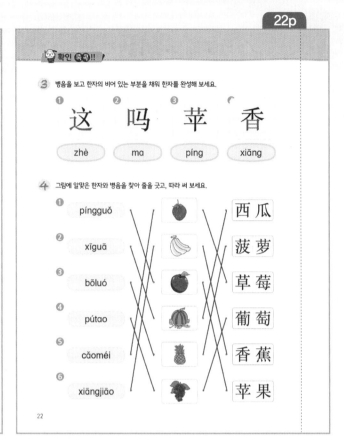

① píngguǒ
② xīguā
③ bōluó
④ pútao
⑤ cǎoméi
⑥ xiāngjiāo

西瓜
菠萝
草莓
葡萄
香蕉
苹果

4과

확인 콕콕!!

○학년 ○반 이름

1. 다음 빈칸에 들어갈 병음을 보기에서 찾아 한자에 알맞은 병음으로 완성하세요.

보기 éi ǎi iě èi ù ì ā

① 谁 shéi

② 她 tā

2. 그림을 보고 가족 이름에 병음을 채워 말풍선을 완성하세요.

jiě jie mèi mei gē ge yé ye
nǎi nai
bà ba
mā ma dì di

확인 콕콕!!

3. 한자들의 빠진 부분에 공통으로 들어가는 부수를 가운데 쓰고, 한자도 완성해서 써 보세요.

马 乃 未
mā nǎi mèi

女

① 妈 ② 奶 ③ 妹

4. 병음에 알맞은 한자를 보기에서 찾아 단어로 써 보세요.

보기 爸 弟 爷 姐 哥

yéye bàba gēge dìdi

爷爷 爸爸 哥哥 弟弟

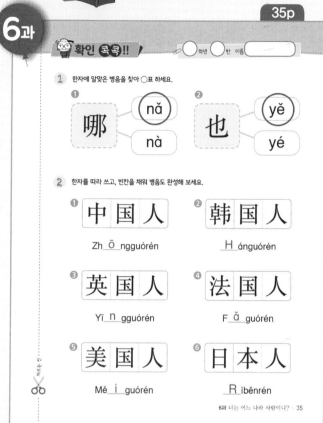

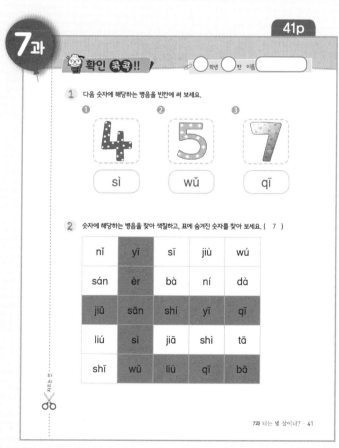

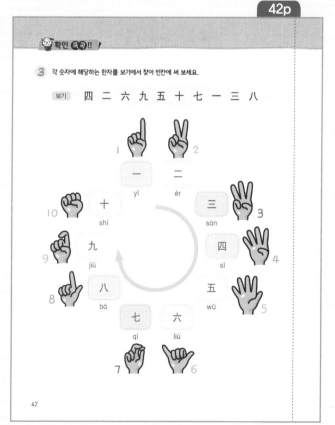

8과

확인 콕콕!!

학년 반 이름

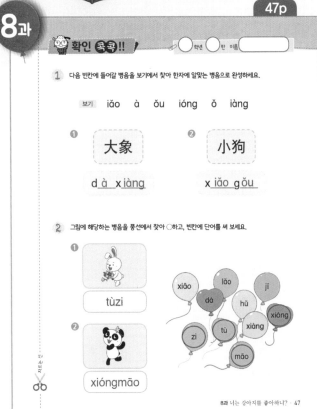

1 다음 빈칸에 들어갈 병음을 보기에서 찾아 한자에 알맞은 병음으로 완성하세요.

보기 iǎo   à   ǒu   ióng   ǒ   iàng

① 大象 d à x iàng

② 小狗 x iǎo g ǒu

2 그림에 해당하는 병음을 풍선에서 찾아 ○하고, 빈칸에 단어를 써 보세요.

① tùzi

② xióngmāo

xiǎo   lǎo   jī   dà   hǔ   xióng   zi   tù   xiàng   māo

8과 너는 강아지를 좋아하니? · 47

확인 콕콕!!

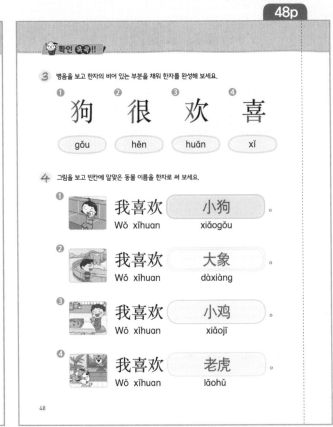

3 병음을 보고 한자의 비어 있는 부분을 채워 한자를 완성해 보세요.

① 狗 gǒu
② 很 hěn
③ 欢 huān
④ 喜 xǐ

4 그림을 보고 빈칸에 알맞은 동물 이름을 한자로 써 보세요.

① 我喜欢 Wǒ xǐhuan 小狗 xiǎogǒu 。
② 我喜欢 Wǒ xǐhuan 大象 dàxiàng 。
③ 我喜欢 Wǒ xǐhuan 小鸡 xiǎojī 。
④ 我喜欢 Wǒ xǐhuan 老虎 lǎohǔ 。

48

9과

확인 콕콕!!

학년 반 이름

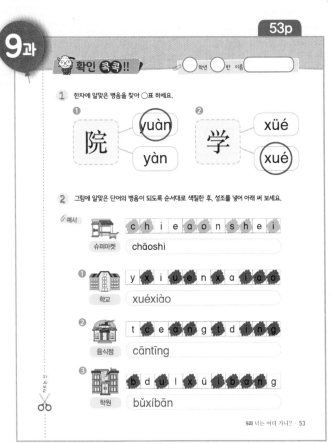

1 한자에 알맞은 병음을 찾아 ○표 하세요.

① 院 yuàn / yàn
② 学 xüé / xué

2 그림에 알맞은 단어의 병음이 되도록 순서대로 색칠한 후, 성조를 넣어 아래 써 보세요.

예시 슈퍼마켓 c h i e a o n s h e i chāoshì
① 학교 y x i u e n x a i a o xuéxiào
② 음식점 t c e a n g t d i n g cāntīng
③ 학원 b d u l x ü i b a n g bǔxíbān

9과 너는 어디 가니? · 53

확인 콕콕!!

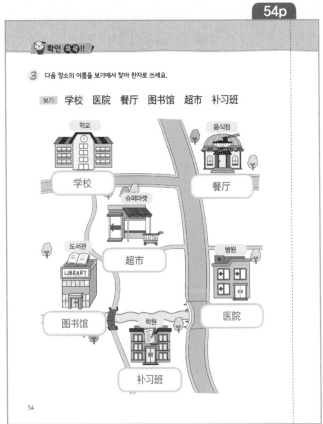

3 다음 장소의 이름을 보기에서 찾아 한자로 쓰세요.

보기 学校 医院 餐厅 图书馆 超市 补习班

학교 学校
음식점 餐厅
슈퍼마켓 超市
도서관 图书馆
병원 医院
학원 补习班

54

MEMO

64

韩国人	Hánguórén	한국 사람
中国人	Zhōngguórén	중국 사람
日本人	Rìběnrén	일본 사람
法国人	Fǎguórén	프랑스 사람
美国人	Měiguórén	미국 사람
英国人	Yīngguórén	영국 사람
也	yě	~도, ~역시

7과

几	jǐ	몇
岁	suì	세, 살
也	yě	~도, ~역시
一	yī	1, 하나
二	èr	2, 둘
三	sān	3, 셋
四	sì	4, 넷
五	wǔ	5, 다섯
六	liù	6, 여섯
七	qī	7, 일곱
八	bā	8, 여덟
九	jiǔ	9, 아홉
十	shí	10, 열
多大	duō dà	(나이가) 얼마인가?

8과

不	bù	~이 아니다 (부정)
喜欢	xǐhuan	좋아하다
很	hěn	아주, 매우
小狗	xiǎogǒu	강아지
小猫	xiǎomāo	고양이
熊猫	xióngmāo	판다
大象	dàxiàng	코끼리
小鸡	xiǎojī	병아리
老虎	lǎohǔ	호랑이
兔子	tùzi	토끼

9과

去	qù	가다
哪儿	nǎr	어디
我们	wǒmen	우리들
和	hé	~와/과, ~랑
一起	yìqǐ	함께
医院	yīyuàn	병원
餐厅	cāntīng	식당, 음식점
补习班	bǔxíbān	학원
图书馆	túshūguǎn	도서관
学校	xuéxiào	학교
超市	chāoshì	슈퍼마켓

MEMO